AF262059
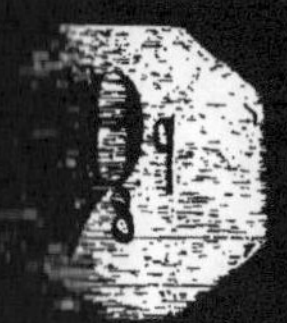

CHRONOLOGIE

DES

ROIS DE PORTUGAL

AIDE-MÉMOIRE EN VERS TECHNIQUES

POUR

SERVIR A L'ÉTUDE DE L'HISTOIRE DE CE PAYS

PAR

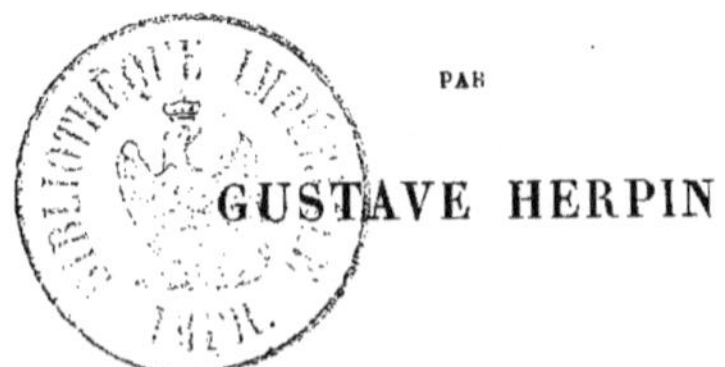

GUSTAVE HERPIN

PARIS

TYPOGRAPHIE DE AD. LAINÉ ET J. HAVARD

RUE DES SAINTS-PÈRES, 19

—

1866

SIRE,

Lors du court voyage de Votre Majesté à Paris, un heureux hasard m'ayant procuré l'honneur d'approcher de votre auguste Personne, sa présence a suffi pour me rappeler les faits mémorables et trop peu connus en France qui ont illustré votre poétique et chevaleresque patrie.

C'est pourquoi j'ai pensé que je ne pouvais dédier à personne, mieux qu'au descendant de tant de héros, le résumé, sous une forme nouvelle, de l'histoire de son propre pays.

La jeunesse portugaise pourrait y puiser d'utiles et grands souvenirs. Elle y trouverait, également, une occasion de se familiariser avec la langue française, et, s'il en était ainsi, je m'estimerais heureux de contribuer, dans une très-modeste mesure, à resserrer entre deux peuples, si bien faits pour s'apprécier, des relations, chaque jour, plus cordiales et plus intimes.

J'ose donc supplier le Roi de Portugal d'agréer avec bienveillance l'hommage de ce court travail historique.

C'est un bien faible témoignage du profond respect avec lequel je suis,

SIRE,

de votre Majesté,

le très-humble et très-obéissant serviteur,

Gustave HERPIN.

CHRONOLOGIE

DES

ROIS DE PORTUGAL

1095.

Henry, fils de Bourgogne, illustre capitaine,
Est le premier anneau de cette noble chaîne
De princes, par le ciel, donnés aux Portugais.
Comptant dix-sept combats et non moins de succès,
Henry, vainqueur du Maure, obtient en récompense,
De comte-souverain, le titre et la puissance ;
Puis du roi castillan, du fier Alphonse six,
Il devient gendre, et, comte, il a des rois pour fils.
Mais, ses jours que le fer respecte en Palestine,
Le siége d'Astorga brusquement les termine.

1112.

De cinq chefs triomphant et des Maures l'effroi,
Dans les plaines d'Ourique, Alphonse est élu roi.

Son peuple à Lamego sous ce nom le signale,
Et, ravie au Croissant, Lisbonne est capitale.

1185.

Successeur d'Henriquez, SANCHE, *Povoador*,
Réserve pour Dieu seul ses armes et son or.

1211.

ALPHONSE DEUX, *le Gros*, prend sa part de victoire
Aux champs de Tolosa; ce prince, non sans gloire,
Sur les murs d'Alcaçar, d'Elvas, plantant la croix,
Meurt excommunié, malgré ses sages lois.

1223.

De SANCHE DEUX, *Capel*, la faiblesse est le crime.
La Reine sans défense, et du clergé victime
Le voit s'unir aux Grands pour déposer le roi
Qui, soumis à l'Église, est frappé par sa loi.

1248.

Pendant qu'ALPHONSE TROIS des Algarves s'empare,
A Mathilde, Britès succède, et la tiare

Fulminant son arrêt, n'empêche pas Corra,
La terreur du croissant, d'emporter Tavira.
Mathilde meurt, alors le Saint-Siége pardonne
Au Roi, grand par les droits qu'aux communes il donne.

1279.

Père de la patrie et *dit le Laboureur,*
DENYS est des vrais rois le modèle et l'honneur.
S'il résiste au clergé, réprime la noblesse,
Il est sans passion, comme aussi sans faiblesse.
Sous lui les Templiers prennent du Christ le nom,
Et de traître l'on voit, affrontant le renom,
L'Infant, deux fois contraindre Élisabeth sa mère,
A supplier un fils prêt à combattre un père.

1325.

Quand, surnommé *le Brave,* ALPHONSE QUATRE est Roi,
Persécuteur d'un frère, il en devient l'effroi.
De Maures, Salado voit un affreux carnage;
Mais bientôt leur vainqueur, ternissant son courage,
Frappe Inès de Castro, victime que le sort
Fait princesse en sa vie et reine après sa mort.

1357.

Prince éclairé, cruel, badin, plein de contrastes,
Ami de son pays et l'honneur de ses fastes,
Des meurtriers d'Inès, si DON PÈDRE est bourreau,
Le nom de *Justicier* décore son tombeau.

1367 à 1383.

Lorsqu'en armes FERNAND réclame la Castille,
Par Léonor le trouble entre dans sa famille;
Et quand le fer moissonne Espagnols, Portugais,
Le Roi, dans ses États, introduit les Anglais.
Mais s'il est imprudent, aventureux, prodigue,
A ses désirs, jamais s'il n'oppose une digue,
Des services entr'eux il règle les rapports,
Puis, à la flotte étend ses prévoyants efforts,
Et peut à peine, avant que la mort ne l'atteigne,
Faire une paix utile à deux ans d'interrègne.

1385.

BRANCHE D'AVIZ.

De la branche d'Aviz, premier roi, JEAN *le Grand,*
Dans le prince espagnol, combat un prétendant.
Pereira, que sa gloire à Trancoso devance,
S'allie au fils du roi, premier duc de Bragance.
L'Espagnol écrasé près d'Aljubarotta,
Lisbonne en sûreté, la prise de Ceuta,
Montrent que ce roi peut enchaîner la victoire,
Comme sauront ses fils perpétuer sa gloire.

1433.

ÉDOUARD le premier donne un code au pays.
Par le sort à Tanger, ses soldats sont trahis,
Et des Maures captif, l'infant Fernand, son frère,
En Afrique s'éteint, victime de la guerre.

1438.

Vers ce temps don Henrique au loin peuple les flots
D'explorateurs hardis, ou plutôt de héros.

Tel, Zarco découvrant Madère qu'on ignore,
Ou Gonçalo Velho, la première île Açore.
Mais si l'on peut souvent en Afrique aborder,
Jusqu'alors le problème est de la contourner.
Oncle du roi, don Pèdre illustre sa régence;
Près d'Alfarrobeira la mort clôt sa souffrance.
Tandis qu'ALPHONSE CINQ, surnommé *l'Africain*,
Prend Arsila, Tanger, au Soudan Marocain,
Il soutient, à Touro, ses droits sur la Castille,
En France abdique, et roi, revient dans sa famille.

1481.

Il faut, parmi les grands condamnés par JEAN DEUX,
Placer les nobles ducs de Bragance et Viseux.
Barthélemy Diaz! cap de Bonne-Espérance!
Entre ces noms existe une étroite alliance.
Aux Indes Covilham pénètre par le nord.
Jean, des Maures vainqueur, pleurant d'un fils le sort,
Des deux pays rivaux voit fixer les conquêtes,
Et de Grand, de *Parfait*, reçoit les épithètes.

1495.

C'est sous EMMANUEL, nommé *le Fortuné*,
Que Vasco de Gama, de gloire environné,
Deux fois doublant le Cap, à Calicut arrive.
Si du Brésil alors, Cabral touche la rive,
L'Inde élève une voix qui n'est pas sans écho,
Et l'illustre Albuquerque, Édouard Pacheco,
Francesco d'Almeida, sont vainqueurs à Mascate,
Daboul, Cochin, Goa, Calicut, Guzerate,
Les Moluques, Ormuz et l'île de Ceylan ;
Enfin succombe aussi la flotte du Soudan.
Une ambassade à Rome en spectacle se donne,
Et l'on punit des Juifs les bourreaux à Lisbonne.

1521.

S'il rend Arsila, Saff, Alcaçar, Azamor,
Plus que tous ses aïeux, JEAN TROIS s'illustre encor.
Dacunha, Sampayo, ses vaillants capitaines,
Des peuples indiens savent dompter les haines.

Souza détruit Daman ; à Malabar vainqueur,
Il rend Beadala témoin de sa valeur.
Vers ce temps, Magellan parvient au Pacifique,
Découvrant un détroit au sud de l'Amérique.
La mer Rouge explorée, on voit suivant son plan,
Jean Castro rasant Cambre, abaisser Hydal-Khan,
Et de Mascarenhas partager le prestige,
Que conserve à leurs noms, Diu pris par prodige.
L'Afrique, le Brésil, l'Inde avec ses trésors,
Des heureux Portugais couronnent les efforts.
Grand entre tous, Castro, sans lasser la victoire,
S'éteint pauvre, à Goa, chargé d'ans et de gloire.
Mais bientôt cet empire, à Rome comparé,
De la mère-patrie est, hélas, séparé !
Une ambassade part, gagnant l'Abyssinie,
Et lorsque Camoëns fait briller son génie,
De l'Inquisition le pouvoir sans égal,
Les Jésuites aidant, domine en Portugal.

1557.

Animé d'une ardeur pieuse, fanatique,
Et demandant la gloire aux sables de l'Afrique,

Sébastien compromet en un jour désastreux,
Le fruit de cent combats livrés par ses aïeux.
Lorsque, près d'Alcaçar, son armée est détruite,
Il tombe, en préférant le trépas à la fuite,
Et de trois rois mourant dans les champs d'El-kébir,
L'histoire nous transmet le triste souvenir.

1578.

Du roi Philippe Deux le cauteleux génie
Hâte du Portugal la subite agonie;
Quand Henry, cardinal, roi, grand-inquisiteur,
A Coïmbre, à Goa,, se fait persécuteur.

1580.

Antoine monte au trône où le pays l'appelle;
Mais, à tous ses efforts la fortune est rebelle :
Philippe dans Lisbonne entre en roi triomphant,
Le peuple le subit, tout en le maudissant.
Dans sa détresse, Antoine en appelle à la France,
Et n'obtient d'Henry trois qu'une vaine assistance.

OCCUPATION DU PORTUGAL PAR L'ESPAGNE.

La patrie est en deuil! Des braves Portugais
Les conquêtes, bientôt, sont à tous, à l'Anglais,
Au Hollandais, au Maure!... à qui veut bien les prendre.
Forte pour opprimer et faible pour défendre,
L'Espagne à l'étranger ne pouvant résister,
Contraint, à sa ruine, un peuple d'assister.
La flotte portugaise, alors en décadence,
Permet aux Hollandais d'accroître leur puissance.

1640.

BRANCHE DE BRAGANCE.

Soixante ans de malheur préparent le succès
Qu'enfin Pinto confirme aux loyaux Portugais.
Tous se lèvent ensemble, ivres d'indépendance;
Un seul cri retentit : Vive le roi Bragance!
Vasconcellos n'est plus. En vain Olivarès
Combat à Montijo, ses soldats sont défaits.

Dès lors, à tout jamais séparé de l'Espagne,
Le Portugal bénit JEAN QUATRE et sa compagne!
Mais Colombo tombant sous le joug hollandais
Fait, dans l'Inde, prévoir le sort des Portugais.

1656.

ALPHONSE SIX est roi. Sa maladive enfance
Lui laisse un corps débile, un esprit sans puissance.
Conti, son favori, du palais expulsé,
Est, par Castelmelhor, dignement remplacé.
Son hymen est stérile, et la reine le force
A déposer le sceptre, à subir un divorce.
Elle épouse son frère, et don Pèdre est régent
Jusqu'au trépas du roi, qui meurt dans un couvent.
Villaflor et Schomberg ont gravé dans l'histoire
Deux noms que glorifie une double victoire :
L'un est Montesclaros et l'autre Ameixial ;
Leur souvenir longtemps trouble l'Escurial.

1683.

Après plus de quinze ans, cesse enfin la régence.
Pierre Deux, nommé roi, de l'éclat des Bragance,
Vingt-trois ans héritier, sait l'augmenter encor,
Et quand l'Inde se meurt, du Brésil tirer l'or.
De la Succession, s'il dirige la guerre,
Il laisse Methuen enrichir l'Angleterre
Qui, tout à coup, au Maure abandonne Tanger,
Préférant au chrétien le barbare étranger.

1706.

Le revers d'Almanza commence en vain ce règne;
Il ne peut empêcher que le pays n'atteigne,
Sous Jean Cinq, le sommet de sa prospérité.
Ce roi, grand par le cœur, l'esprit et l'équité,
Aime à vouer à Dieu du Brésil les richesses,
Mais son pays, son peuple, ont part à ses largesses.
Il combat le Sultan, dans Utrecht fait la paix,
Fonde une académie et construit des palais.

Après tant de splendeurs, contraste trop funeste,
Il voit Lisbonne en proie aux horreurs de la peste.

1750.

Au Brésil réformé donnant de nouveaux droits,
Le roi JOSEPH PREMIER est heureux dans son choix;
Il distingue Pombal, puis au pouvoir l'appelle :
De ce ferme soutien, la main sûre et fidèle,
D'illustres assassins sait punir la fureur.
Un tremblement de terre, en semant la terreur,
Montre au peuple Pombal réparant ce sinistre.
Bientôt le roi, cédant aux vœux de son ministre,
Des Jésuites puissants prescrit l'expulsion,
Et l'Espagne cessant sa vaine agression,
Pombal peut remplacer, fermant bien des blessures,
Ses rigoureux décrets par de sages mesures.

1777.

MARIE et son neveu, selon l'ordre royal,
Sont unis et bientôt règnent en Portugal.

3

De la reine jamais ne faiblit l'indulgence ;
Sa haute piété dirige sa clémence :
Aveiro, Tavora sont réhabilités ,
Tandis que Pombal voit ses amis écartés.
Marie a le pouvoir, l'exerce sans partage,
Mais PIERRE TROIS le fuit, craignant son esclavage.
Il meurt avant la reine, et de la royauté
N'emporte en son tombeau que l'éclat emprunté.
Lorsque le sort envoie à cette sainte veuve
Dont le ciel est l'espoir, une suprême épreuve !
Le prince du Brésil, son fils, devient régent,
Acceptant à regret le pouvoir qui l'attend,
Le pays prend alors parti dans une guerre,
Dont à ses intérêts, la cause est étrangère.
Opposant à la force et droiture et raison,
Sans pouvoir amener une conclusion,
Jean gagne le Brésil, laissant une régence ;
Un mot le montre encor favorable à la France.
Mais par l'annexion est rompu le traité
Qu'à Badajoz naguère il avait contracté.
Trois fois l'invasion désole le royaume !
Combattant pour sauver la liberté, le trône,

Le Portugal alors, assisté des Anglais,

Aux plaines de Toulouse est vainqueur des Français.

Enfin, après la paix qui condamne la traite,

Entre le Portugal et le Brésil est faite

La scission, objet des désirs du régent,

Que bientôt porte au trône une mère en mourant.

1816.

De retour du Brésil, JEAN SIX rentre à Lisbonne;

Quand, la guerre civile ébranlant sa couronne,

Il sait adroitement éloigner don Miguel,

Ennemi du parti constitutionnel.

Du Brésil, comme empire, acceptant l'existence,

Le Portugal consent à sa reconnaissance.

1826.

Isabelle-Marie est régente. Le choix

De don Pèdre abdiquant sa couronne et ses droits,

Place MARIA DEUX, sa fille, sur le trône.

Mais, tandis que l'on croit Miguel loin du royaume,

Il arrive à Lisbonne et, dès lors, on peut voir
Un oncle de sa nièce usurper le pouvoir.

1828.

Tandis que *don Miguel* se prépare à la guerre,
Maria Deux, en reine, aborde en Angleterre.
Plusieurs échecs alors frappent l'usurpateur,
Qui fait trembler Lisbonne et régner la terreur.
Bientôt sa flotte tombe au pouvoir de la France,
Heureuse d'assister la maison de Bragance.
La reine Maria, don Pèdre l'empereur,
Sont reçus à Paris avec joie et bonheur.
A Ponte-Ferreiro, ce héros... non, ce père,
Combat en chevalier, en général opère,
Et défendant Porto, s'illustre à tout jamais.
La flotte de Miguel, qu'épargnent les Français,
Sous le feu de Napier disparaît écrasée.
L'Europe se prononce et n'est plus divisée ;
Le prétendant, deux fois battu par Terceira,
Est contraint de signer le traité d'Évora.

1834.

Reine alors reconnue, et par l'Europe entière,
Dona MARIA DEUX, à la haine étrangère,
Bannit du Portugal son rebelle parent,
Qui, plein d'un vain espoir, proteste et se dément.
De la reine, dès lors, le règne si prospère,
Est pourtant attristé par le trépas d'un père ;
Mais le ciel, réparant un deuil prématuré,
Accorde au Portugal, d'espérance enivré,
Des princes, fiers soutiens du grand nom de BRAGANCE,
Emblème de vertu, d'honneur et de vaillance.

* * *

On peut par le passé, gage de l'avenir,
Prévoir, en effleurant un triste souvenir,
Que la gloire entrevue à peine par un frère,
Par un frère bientôt brillera tout entière.